AF617537

GUILLERMINA

Fernando León

GUILLERMINA

(poema-río)

Colección Leche de Burra

Poesía

editamás

Primera edición: julio 2025

Foto de solapa: Christian Polanco
Dibujos a plumilla de cubiertas e interior: Fernando León

EDITA:
Editamás, editorial y contenidos digitales

DEPÓSITO LEGAL:
BA-000451-2025

ISBN:
978-84-120502-6-4

MAQUETACIÓN, IMPRESIÓN Y PEDIDOS:
www.editamas.com
924 18 07 91

«Se trata de acceder a un tiempo primigenio donde se rescate la verdad de la muchedumbre de las razones... /... La poesía vendría a ser el pensamiento supremo para captar la realidad íntima de cada cosa, la realidad fluyente, movediza, la radical heterogeneidad del ser.»
(*La razón poética*, María Zambrano)

«Y si queriendo alzarte nada has alcanzado / Déjate caer sin parar tu caída sin miedo al fondo de la sombra / Sin miedo al enigma de ti mismo / Acaso encuentres una luz sin noche / Cae / Cae eternamente... »
(*Altazor*, Vicente Huidobro)

«El tiempo me llevaba delante de mí como en una carroza, así que podía mirar continuamente hacia atrás y burlarme de él sin quedar del todo atrapada.»
(*Una chica en la carretera*, Jan Kerouac)

«Y siempre en el temor, en el temor límite de la irrupción del viento, del desplazamiento inexorable de las dunas que obliga al paisaje a desesperarse por el eterno volver a empezar.»
(*Con tu espera en el lienzo*, Michel Hubert)

«El día no contiene los espacios, / ni el vacío habitable del poema / la imagen del que lo escribe.»
(*Cal i grafías*, Ángel Campos)

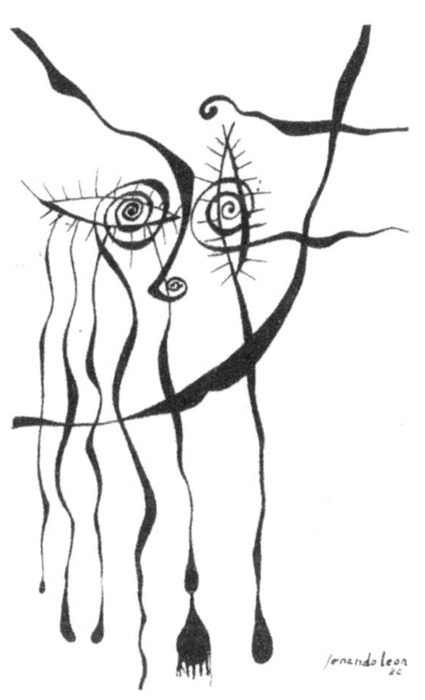

prefacio

El poema-libro *Guillermina* llega a su tercera edición, una vez más –enésima– escudriñado, rehecho, revisado, con correcciones, amputaciones, reposiciones y añadidos para su publicación en una nueva colección, personalizada, *Leche de burra*, de la mano de Editama. Es uno de los ocho cuadernos poéticos que la conforman. Se cierra así un tiempo y se abren puertas y mente a otros mirares, entenderes y sentires de una poética evolucionada, en actitud superadora de una realidad propia y ajena a corrientes imperantes. Se trata, quizá, de una autoafinación –autoafirmación– para musicar y reorientar una visión personal de la creación en verso a través de un lenguaje y unos símbolos más que nuevos –que no-, reinterpretados, o resignificados. O quizá se trate de otro modo de preguntar, inquirir y recomponer ideas en tropos al son de una estética y ética que nos signifique a la hora de entender el mundo y su realidad, de superar afinidades simples y falsas antítesis, o al menos identificarlas, y elegir entre pensamiento constructivo y renovador, o tópicos involucionistas y cánones tradicionales.

Guillermina lo publicó la Diputación de Badajoz en la Colección Alcazaba de Poesía, en 1985; se revisó para la segunda edición en formato digital por Abismos del Suroeste, en 2021, y se ha reconstruido para que la tercera, en *Leche de burra*, esté al alcance de todo tipo de lector/a y en cualquier soporte. Se han pulido construcciones, giros, ideas y atrevimientos como el uso de términos externos al diccionario, *palabros* inventados, puntuación a veces forzada por silencios y espacios pautados, mas sin perder el germen/espíritu original de la composición, provocadora en su momento –que no nueva–; y más depurada en la actualidad. Así, siendo el mismo texto poético en lo esencial de su estructura, hoy es otro, producto de la evolución en cuanto a tratamiento formal y de contenido.

Esta tercera edición navega desde la intuición y la experiencia por las entrañas de un canto poético que busca las mil caras de una –posible– verdad y de una irreverente –e interpretable– belleza y su propia fealdad, poliédricas, que escudriñan la vida y la muerte, el amor y el desamor, miedos y dudas, la historia, la literatura, la religión, la mitología y cualquier área de expresión posible. El poemario inquiere en porqués –de la imposición, la injusticia, la opresión o la violencia física y sociocultural; lo espiritual, los sueños o la creación que nos afianza–; como si la redención por cuanto acontece al ser humano pudiera llegar del arte en cualquiera de sus manifestaciones y en este caso, de la poesía. Y moldear y descifrar una poética que interpela al lector en su papel complementario y/o preponderante. Inquiere sobre *La razón poética* que propone la filosofía de María Zambrano en *Claros del bosque* y *La razón en la sombra*, para superar la dicotomía entre la razón lógica y la intuición, y profundizar en capas de la realidad a las que no llega lo racional y sí la poesía. *Guillermina*, que dada la revisión realizada bien podría llevar el prefijo *post-* o ir precedido de *nuevo*, es un poema-río en verso -el segundo de una posible futura trilogía después de *La pasión de un poco* –en prosa poética, publicado después y escrito antes–, que discurre por diferentes intensidades rítmicas; construido en verso libre, silencios y espacios, a veces como notas sincopadas dispuestas sobre el papel como una partitura de palabras sobre un fondo de jazz –instrumental, fusión, clásica, bossa nova, rock sinfónico, flamenco, blues o gregoriano– que fluye bajo la ultrarrealidad de los versos.

El poemario se muestra también como una pintura que por deconstruir el naturalismo sin perder sus elementos básicos, culmina su evolución por su composición y el uso cromático de palabras y estrofas con sus significantes, hacia una expresión polimórfica que viene a sustituir e interpretar la realidad sobrepuesta a sus posibles significados. Así, cabalga en diferentes momentos entre distintos *ismos* artísticos: surreal, dadá, im-ex-presión, romántico, símbolo, místico, posmoderno, profano o abstracto; entre referencias literarias, mitológicas, religiosas, históricas o políticas, con versos irreverentes, o lacónicos, introspectivos o interrogativos, sugerentes o desmitificadores y con sentido del humor, con el propio autor en la diana en un reírse de sí mismo.

En su origen el poema muestra su vertiente de rebelión poético/literaria vital, quizá de autodefinición, en un entorno marginal y frente a relaciones clasistas a las que oponer nuevas formas de creación y concepción creativa, y desde una óptica autodidacta, con sus genialidades y carencias. Además de una vertiente más íntima, antesala del psicoanálisis, para intromirar el fondo y el contexto, verbalizar tabúes, contradicciones y negaciones. U otra vertiente de duda y metafísica en torno a la existencia que nos contiene –y atenaza–, como animales humanos y quizá boceto de lo divino; desde el big-bang a la cicatriz de una educación infantil católica que evoluciona a confusión adolescente, y a ruptura dirimida a un librepensamiento muy perfectible --en una lengua adaptada a la creatividad, pero no malversada por propagandas totalitarias que mienten y roban el significado de las palabras para falsear conceptos, ideas y la realidad misma para fijar un relato falso que justifique un asalto al poder–.
Los de este libro-poema-río son versos amalgamados entre la vida y los libros, la utopía y la calle, lo primario y lo sofisticado; subconsciente y consciencia; sentimientos, hechos, ideas, sonidos, conjeturas, silogismos –a veces falsos--, además de paradojas, aliteraciones e interrogantes expresados mediante el uso de figuras y sintaxis en ocasiones imposibles, de pausas, ritmo y gerundios para incidir en la acción que se man-

tiene vigente e inconclusa. Mas el poema es también celebración; agradecimiento y amor a la vida; es duda y denuncia. Aborda los miedos a la libertad, a la muerte, a no saber vivir/morir; y también el valor de verbalizarlo en un intento de catarsis, de discernir esa citada amalgama, crisol donde se funden planteamientos ético-estéticos que si en el 85 parecieron radicales o subversivos; hoy, acaso sean hallazgos únicos de mirada lúcida, versos re-de/construidos; o quizá sólo tiernos, o despreciables, según quién los lea. Es celebración de lo existencial y natural del misterio, de una búsqueda en comunión; salir del camino preestablecido para abrir otros en los que inferir lo femenino y masculino de la psique de cada quien; ponderar y desmitificar un encuentro único que requiere tal concatenación de emociones y deseos en equilibrios concomitantes que podría ser un algoritmo cósmico, o un milagro; y que en terrenos aledaños todo se ve con cierto ensimismamiento, con cierta saudade, cierto engreimiento por lo primigenio, que enseguida aparece si rascas un poco. Esos caminos se plantean con *Guillermina* como pantalla, como espejo, como frontón, como la llamada cómplice a un ser próximo –o a un yo difuso que aspira a superyo para fracasar–, a la compañeramiga que te acoge, te quiere, te entiende, te acompaña, te perdona, te completa y con quien huyes del abandono, aunque igual es ella quien te pueda sorprender con ausencia. Y una senda para diálogo quizá sea apelarse a sí mismo en ese vacío, al alter ego femenino para comprenderte, aceptarte, perdonarte, cuestionarte, celebrarte y reivindicarte en la integralidad íntima de tu ser, tu piel, tus sueños, tus versos.

El poema discurre como el desmontaje de un laberinto con el fin de identificar un itinerario salvador, sin que su propuesta pretenda insulto, daño o falta de respeto –si bien no toda idea u opinión, ni toda persona son respetables–. Es una invitación a compartir llamémoslo estado de gracia para salir de uno mismo, aprender, experimentar, extralimitarse, comprender, mirar con ironía y dosis de pensamiento cáustico y humor en un juego irreverente, atisbo de microrrevolución para perder el miedo, para ampliar el concepto de nosotros mismos y los demás; rescatar un territorio de inocencia residual, ya sin candidez, aún abierta a la sorpresa, a la curiosidad, y desentrañar una realidad oculta y compleja a través de la palabra, el pensamiento, la razón y la intuición –*La razón poética*– como cemento de autocohesión y social.

Guillermina se presentó un día de 1985, a la hora de las cañas de mediodía en el pub La Música, en Badajoz, de la mano de Ángel Campos (e.p.d.) --que tan pronto nos dejó y a quien se rinde homenaje-- y Santiago Méndez, que ha codirigido con Isidro Bueno y Fidel Perera el sello digital Abismos del Suroeste que publicó la segunda edición de este poema-río. Sobre el mismo se escribió en su día con curiosidad, con complicidad, con sorpresa, con desconcierto, enfado e incluso desprecio; y a todos les debo agradecimiento, desde el joven ignorante que fue y el adulto que no logra dejar de serlo. Entre quienes le dieron la bienvenida con una celebración generosa, está el poeta Manuel Pacheco (e.p.d), quien escribió «*"Antibailable para nombrar a 'Guillermina'. Al poeta Fernando León que creó las metáforas de su Cuerpo"*» –a quien también se rinde homenaje desde estas páginas–. Es algo que reconforta cuando admites que «ser sublime sin interrupción», como pretendía Baudelaire, puede ser agotador; mas nos queda *La razón poética*.

El poema se teje con un lenguaje, ritmo y figuras propios en una mística macerada en tarros de historia, religión y mitología enlazadas en un cordón de metaliteratura, como el hilo de Ariadna para salir del laberinto tras matar al minotauro; una vía para interpretar y desmitificar la relación de los poderes del mundo –de los mundos-- con la realidad y sus misterios, desde una fusión del subconsciente y lo racional como lo plantea María Zambrano en su Razón poética, donde la intuición y el pensamiento lógico permiten comprender la realidad "desde una perspectiva más completa". Y ello en un entramado de nudos –con influencia de diferentes artes, estilos y el influjo de músicas de fusión abiertas, como el propio poema, a caminos nuevos, desconocidos, por pasaderas para cruzar el río al que habrás de entrar, sentir su torrente, su fuerza, frescor y suciedad, y en el que después de conocer las orillas poder navegar hasta desembocar con tus huesos y tus sesos en la orilla del mar, mecido por las olas.

- I -

Guillermina,
la torre azul parda
encabritada
por el tolón-tolón esquizoide del campanario viejo,
dilatando bóvedas,
desploma
sus lomos cobrizos sobre la terca sombra
del promiscuo arcano
y en mil senderos sus piedras se esparcen
indelebles como enjambre de luciérnagas
de siete colores, de natural estampado.
Mas de la torre desmembrada quedan sólo retazos
en la memoria de un cabrero en el páramo.

La mortandad pule el cohábito
hasta dejar las uñas perfectas
y el sexo en trance.
Así que dile
Guillermina
a la muerte
que aguante, que el alma tengo
entre contradicciones atrapada,
en ruin dolor que me hace trasnochar
el rostro en tonalidades lácaras
y procura despojarme el maquillaje
pop/Warhol
que me oculta y me protege.

Que aguarde, dile
Guillermina
y se atavíe,
que la cita es importante
–está fechada--
y en la premonición rogábase etiqueta
o de negro.

Dile tú a la muerte,
te ruego,
que espere.
Que será un honor recibirla en su momento,
ácrito
y con el espíritu calmo.

*

No cabes,
Guillermina,
en la pared
en una foto clavada con cuatro chinchetas.
No insistas.
Mira que el pez de oro está con su fortuna al llegar
y tú aún estás en Babia
en cueros
sin peinar
con los labios sin carmín y sin rímel las pestañas.
¡Atavíate!
Y verás tu foto pantallada entre luces
y fachadas de neón.

Anda presta al gran concierto,
declinar del simbolismo
–reciente siempre—
para entrar a la eternidad con todo ese barullo.

Mas con la música sáciate, pues,
Guillermina,
que ya descansaremos
–gloria bendita–
en paz.

- II -

*

Esta soledad,
Guillermina,
huele a frío de letal pirámide,
a arena a punto de licuar.
Exhalo bocanadas de hielo marchito
contra el profeta de la apostasía
cortesana
y Aguirre desde el Amazonas –su concatedral
verdelíquida orientada de este a oeste–
berrea
espuma y muerte por El Dorado,
o su espectro.

Por catacumbas laberínticas
repletas de cubiertos
mapas
y cerámica autóctona
corretea el espíritu de mi alma lisa.
Qué vértigo desde mis despojos
momificados,
por Metis mis mortajas desgreñadas
incapaz de apreciar la escritura
cuneiforme
que me rodea, explícita según sus apóstoles,
indescifrable para un cadáver perpetuo
sin diccionarios ni bendiciones.
Y cómo la niebla
araña
al viento
hasta esculpir la rosa del desierto;
cómo arcángeles agrestes manojean la yerbabuena,
flujo de brotes en exuberancia de oasis
entre rocas,
sílice a punto de fundir en flores de vidrio.

*

Cómo se anuncia,
Guillermina,
la vida
a patadas llorando
de existencia nueva y horizonte letal.
Lo que quiera que sea nos obliga
a abandonar el mullido vientre que nos expulsa
y espabila a tomar calostro hasta desbordar las comisuras.
Pronta saciedad; pronto ocaso de felicidad.

¿Qué haríamos
antes vagando inexistencia
en extinta concretud del ser?
¿Volver a la vida con la muerte en la pituitaria,
en eterno derrame cerebral manando?
Que metatextos de tus apuntes
sobredimensionados
conformen una genética con adeene versicular.
Engreídos poetas,
no dueños de su versos,
madrastras de espaciales coordenadas imprecisas,
mamados y resecos hasta el vendaje mómico.

De hecho, tan simples,
Guillermina,
en su esclavitud de ángeles sin musas,
del Padre todopoderoso,
del omnipotente Yahvé
o del Can miserabilísimo,
de Belcebú, rey de las tinieblas
o de la deidad/unidad/totalidad
de la Trinidad santísima y más
o de Lucifer ignominioso y pútrido.
¿O sólo son hombrecillos convertidos en querubes,
o diosecillos en escarabajos, los poetas?

- III -

¿Ves
Guillermina,
cómo las moscas
modulan celestes sus filamentos
al morir
y sus membranas vibran
al amanecer,
ya por septiembre amarillo?

Caigo
embudo
a muerte
ebrio de vaciedad
y rebosante de plata
cera
y estaño
de candelabros.

Sola estás ante tu imagen
proyectada
entre gasas, santuario de ungüentos
de aceite
y lino,
amor;
entre la nada y yo.
Y ¿me niegas?
Dame
Guillermina
a beber el memento duro/dulce
purificado
de tus dones en vuelo sobre el edén;
que entre andamios de piernasnalgas
y muslos aupados
tu fisura rockpuberta me sonría.

Bebamos flujo de uva con mostaza.
Volemos flecos,
abramos *la grieta* en creciente luna
dibujadas
con el alma sudada en agosto.
Mas no me aprestes entre castaños
en bosques de tierras altas;
si acaso
mira dentro y escucha,
que entre tus cancanes y tus libros
me hallarás.

Sueña,
Guillermina,
cúpulas de arcoíris para elevarte,
que de rocas las columnas y de papiro los libros
se acuñan las religiones del desierto
con deidades
que se adhieren al encéfalo,
te okupan y no se van.
La Boaz y la Kaaba no sirven de galán de noche
para colgar creencias de quita y pon.
Ni concatedrales acogen en sus cálices
tu cosecha de licor-orujo divino.

Básteme solo entre ninfas
de un parnaso purpúreo
para atisbar que tú
longeva
musamada
distraída
me envuelves con las cuencas de tus manos
diosas,
opulentas de espigas repletas de otoño.
Insomne, mi imagen diluida en lienzos.

Duerme,
Guillermina,
ahora,
amante del silencio
–silencio mismo–,
atenazada por el verbo limpio;
que el verbo fue lo primero,
donde Jonás no sobreviviría
tres noches
y yo habito.

Eterno
yo
en
ti
fuese
perenne
mientras
duermes
como parto anverso
prolongado,
sin dolor,
en mi regresión,
mueca
inapreciable,
para que cazalla de placenta
con lengua
labio
y paladar
yo ingiera
y con de tu mirada un beso
me compartas en tus sueños.

*

- IV -

Eres
Guillermina
tornasol de desamor,
iris
reflejo poblado de ausencias,
renglón oculto tras la revelación.
Y trepo tus pechos
concubinos
redentores
bebiendo la hiel de los *maudits*
obstinada oscuridad que resplandece
opaca,
sol de tinieblas huecas
que mata
mientras se acerca de negro a negro oscuro
entonando salmos.

Sin bastón,
Guillermina,
corro presto, oleaje de violines
hasta tu enagua
espuma madrugada
donde un reloj cita líneas de lealtad y susurros
donde acuden barro y vidrio que despeñan nuevos
tiempos iconoclastas con perfume de chanel.

La Trinidad,
Guillermina,
somos dos.
Humo/himno,
versos alborotando tridecasílabas
en cuerdas de misticismo que en alejandrinos
hasta el hierro func
sin que latino estorbe.

Tradición,
Guillermina,
ni de histórica dialéctica,
que para vanguardia vate clásico vale.
Duelo,
néctar conceptual,
palabras,
tic-tac,
tiempo a carboncillo,
boceto y mancha,
huerta de vino vítreo
que en carnática elipse
pentatónica
nos emancipa.

Nouvelle caballería *funky*,
envenenadas huestes
posmodernas
de inspiración neodivina que fustigan
las campanas.
¡Oh, retoños de númenes
lavando campos santos!
Amén,
Guillermina.
que concluido el beato,
detergente en boca.

Tapas paginando mentiras
tras los signos que adormecen símbolos:
leotardos rosas
tacón de acero lila
alfileres y eslabones
relámpago oxidado en brillo
con veneno de amianto.

*

Guillermina,
oro fundido
no dispensa mirra.
Dos por cuatro.
Paso.
Vuelta.

Loco,
gregorianos reza
salmos al Omnipresente
-un punto enajenado-;
salmodia de las horas
en su canto y escritura
y siempre bien se venga
del mundo
en orden,
su orden,
ese orden atrabiliario que te desordena
y te expulsa de ti.

El discurso,
Guillermina,
laico discurre en verbo
de luna
de luna y escorpión
desde la médula del orador:
de luto
--libre a la postre--
y generando conjunciones,
presencia estéril de sustantivo simple.
¡Oh, lámpara
de cieno!
A tientas.

- V -

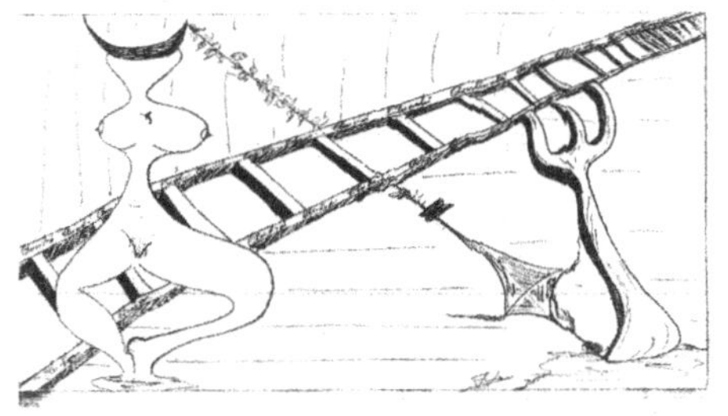

Mil-i-gallos,
Guillermina,
entre espejos de esperpento apestan
sangre braman
guapos y tiranos
tiñen los pasos de hedores conspicuos
sobre epidérmicas alfombras.
Canotiers por cascos
zapatos por cascos
cascos de pies a cabeza.

¿Qué más,
Guillermina,
amor?
De miedo muero.
¿Y qué?

Mil-i gallos. Sí.
Casaca de talla estándar
el uno con el cero borran e increpan
al joven manso inmaculado
antiquísimo.

Croquis por talento
brazos en ocho y veinte
material en pérdida de recuerdos
y munición.

¿Qué menos,
Guillermina,
si huido me hallo en paz,
con otro verde en mis pupilas…?
Sin ese afán de sangre esgrimido
en silencio, de cuaresma a pascua,
con armas adornadas de liturgia

y gritos alargados hasta el coxis
mantenidos
que edulcoran a los muertos de torsos
grecodivinizados
en grutas de ignominia excavadas,
en la voz
y en la mirada de los generales,
en grietas cerebrales que tal afán
de muerte
estimula.

Y rastrea el unicornio
perdido,
sin doncella,
el sotobosque.
Metamorfosis:
Rinoceronte
desgarrando oropeles,
Guillermina;
qué se puede esperar…

Si espiándome el sosiego
adivinan
el cansancio de lecturas lentas,
a veces parcas.
Y tiemblo
enjuto…
Página tras paso borrando lirios;
con uvas de mesa como símbolo rural de lo civil.

Y tiemblo, sí,
como el cordero
profeta de su gloria
para el sacrificio;
ni tan sagrado;
ya estéril.

La muerte,
Guillermina,
pez de oro,
metal in-nobiliario
de ausencia caldeada de vacío.
¡Presente!
Reloj.
Nobleza.
Fusil.
Letargo senatorial entre uno y dos,
invierno totalitario de estímulos
castrenses
sin limbo de los justos de penitencia exentos,
judaica red sefardí,
conversos de filtro almohade
y cristianos por el Santo O(ri)ficio perseguidos
cual ama sabia, cual gitano, cual justo y letrado.

Es óbito,
Guillermina,
sacudida lúcida de ciudadanos
de repúblicas –o no–
con/sin utopías,
úlcera de estética lacerada por guanteletes
y crespones negros.
Eso que llaman muerte,
don supremo de nada; y del sabio
en casa
cama
o hierba.

Principio y fin del círculo,
intersección de espiral líquida,
púlpito y oráculo.
¡Vé! Ven!

Abanicos,
Guillermina,
parpadean
su lenguaje mudo de nácar;
desdoble la entrepierna su perífrasis,
véngase un loco
o un ciego
sabedor contrito de soliloquios
anudando coágulos que fluyen por aliviaderos
de una fuente de plaza porticada, sin suerte,
como número de músico callejero
sin cabra,
ni tambor;
decodificadas ya las estrellas
de puntas plantadas
de cinco en cinco.
Con secuencias sónicas de tachuelas,
Guillermina,
que descalabran moldes,
zarandajas caducas,
bagatelas de micro y tablas por el foro
impúdico,
lisonjero lo más.

Y en vaguada desemboca,
enervado,
un lastre suntuoso de coproducciones
y *copyrights*.
Edita.
Produce.
Imprime.
Distribuye.
P. V. P.
¡Fuego!

Como licántropos en herrajes
de marquetería
labrada
en balas de plata,
hieráticos al fluir de su dorada orina
de carnívoro.

Como santos de oropel
y babas
aúllan
su verborrea *mezzosoprano.*
¿A qué malditismo adosada
cual legumbre
de puchero en calamina?
¿O sólo es gala
de vulgo
de gala
que no es gala?

Supercheros,
id con Dios
o con Satán,
mas mi muerte,
Guillermina,
no osen tocarla.

Con severidad
te lo digo,
te lo ruego.

- VI -

*

Baja la mirada,
Guillermina,
y espanta mancillas delatoras de heroínas
que no se necesitan
y si acaso
ya son.
Y sueña
reposadora
y escriba yo sobre tus sueños sin declive
sin que horades tu encéfalo
sin discursos a bocajarro
que te traicionen o desmerezcan.

Despedazado el relativo segundo
cuántico,
adjetivado como nominativo
ausente
prevalece el candor de lo que no es
por cuanto vives en surreal emancipación.

Late tu mirada desgranando sospechas;
impúdica, sí; que ese mirar en derredor trastorna,
como en mancebía abigarrada de macetas,
ciclón de lastre sin mesura
con la puerta abierta
en perspectiva cónica
y *ángel exterminador* al fondo.
Que tras el quicio
todo es sueño;
coordenadas de quimérico naufragio,
prospecciones con andamios que bajan
a los avernos abisales de los mares y la tierra.
Y compareces en fase *rem,* fulgor de luz
que se apaga al despertar y todo es ya como es:
Cotidio, tan de todo, tan de valor para el loco.

Y vamos,
Guillermina,
prevalece con prontitud.
Acaso el dios fulano no sostenga tus pareceres
y libre te andes por tus extremidades
aún.
Antes de que enojado te castigue.

¿Sacudiste ya tus pechos de hojarasca?
Apresúrese la belleza-otra en textos
sin que tornen traducción inexacta.
Andémonos del bosque al corazón
a recoger miel y púrpura
prestos
a embriaguez de orujo,
en borrachera redentora.

A Teresa y Baudelaire les llegó
el verso al unísono;
a cada quien al lado de su tiempo,
la madrugada visionaria del sueño.
Cada cual a su claustro vuela/repta
de vísperas al toque.
Ellos se iniciaron antes,
sabios pues
son
mayores
y adictos –cada ángel a su ensoñación–
con anhelo,
sin indulgencia.
No matarían,
pero asustan a la muerte
con/por unas onzas de silencio
en paz.

Confío de tus piernas diligencia
hiperrealista
y en mis manos,
desde manifiestos dibujados,
anda ya lista esa mujer con el ojo que pestañea.
Con élla es la tibieza suprema frontera
que en su esplendor actúa
hasta descorrer visillos
como final de función
única.
Antes morir en el Parnaso que en el Olimpo.

Helíades se vierten,
Guillermina,
en fuego de oro y lava
como lágrimas de ámbar,
desde fluidos rayos del alto sol,
a la sima de un volcán;
inconsolables éllas;
abatidos aquí andamos.

Por más que digan de mitologías, no hay orden:
Horus en cólera montado
con su halcón increpa;
Eros rubicundo su ciclón sacude
con sonrisa permanente;
Sopla Eolo tormentas al mar con gemido flamígero;
castiga Narciso a Eco que se extingue
y Alción venga a su esposo
lo arrastra
muerto
de las profundidades
al vuelo, como gaviota él,
como martín pescador ella.

Cómo sufren de altura los mitos;
cuán nada somos los terrestres;
cuánto más son que vivieron siempre
y entre nosotros por los siglos habitan.

He que catedrales seamos,
                                        mas poco más:
recipientes para Baco,
charcas para las ninfas y la ranas;
bacantes que le sirven en bandeja
nuestra propia hiel caduca como pasto
                                                            y luego
ahornan excrementos de Júpiter o Zeus.

Helios apagose para Edipo,
que ciego antes y sin ojos luego
oráculos desobedeció -divinos-
                                                  atrayendo iras
y palideciendo incesto mortuorio.

Osado crepúsculo de dignidad,
                                                objetora lúgubre,
espanto que desobedece signos
por culpa de pastor indecoroso
(pobre petimetre
                              –mortal–).

Sobre sus cuencas vacías
                                        otrora
                                                  ciñose la existencia
y sin remisión hubo de vivir en esto,
                                                        sabio
                                                              y triste
en santidad apócrifa.

Por más que digan
de mitologías,
Oréades hubo entre los vivos
maquis en el monte
ninfas de bosques y cuevas
de barro y heno sin que Artemisa
bajara
tercia su mirada sanadora a la Resistencia.

Lejos queda pues para los mortales
la *Odisea*
de la guerra y el viaje.
Presos fuimos
esclavos
de presencias escritas.

¿A qué,
si salía Góngora
y terciaba
en su interior como lacayo en su cocina
del rey en su palacio
«hermoso aunque sea fiero»
con y sin Quevedo?

Apostilla el pobre en propiedad
las calzas
que cuecen
lisonjeras
para caldo
desnutrido
que al cabo
de sorber sobras
se mantiene la nodriza.

- VII -

Cúmplase,
Guillermina,
el ritual último.
Que estrellas se acerquen a otras,
que la multitud se eleve en gemido
bullicioso
y en redoble final atrape gritos
silbos
y palmas
y retumben.

Inviértase la urbe como sonajero de vientos
que ondulen ecos de *Soledades*
que evoquen el misterio
ubicuo
en tajos de luna
y de vacío
que acerquen mi alma errante,
de mi cuerpo desasida,
para que yo la toque
la sienta
tibia
y de mi inquietud sea socorrido
de eructos espirituales
que me atormentan y espantan
ante la nublada espera de una nada
cóncava.
Bacanal de ansiedades;
lujuria de corrientes opuestas mi vientre cerebral asalta
de dudas
espasmos
y miedo…
Ese tríptico
secuenciado
entre tu y yo.

Que para transvanguardia,
Guillermina,
baste el tedio revolucionado en un susurro
que crece
a discurso,
vaciados ambos de espera;
despojados de barbarie blanda
y escándalos.

Y ternura descubras con todos los interrogantes
sin que amor mastiquemos
con la boca hediendo a hiel
y por las comisuras babeando.
Y ese tríptico –sí– somos dos.

Muéstrese la alborada; en tus pupilas
pestañee,
que salga el sol tras el iris de tus ojos.
Y hágase la función clorofílica entre nosotros,
bajo sábanas
a la luz del picón.

He la catarsis de la paz
sin que tu vientre doblegues a Fauno
impostor
ni a unicornio dadivoso.
Saudades mírannos de reojo
Silba amor,
que Antígona está ausente.
Lot el justo cierra la sima de su esposa
que la sal momifica en su huida
en llamas.
Y al final, los dioses caerán
de bruces
pues sólo dioses son.

Baraja cartas,
Guillermina;
mancha el as de corazones
con regocijo;
calcina el resto y
vente,
comulguemos con tu ego más íntimo
y profundo.

Así te amaré sin pudor
por tu voz y tus ojos
por tu vientre y tus pechos
por tus labios y labias…
Que esa será toda la sangre que entre nosotros
y por nosotros
corra;
y todas las lágrimas que nos fundan
y sitúen
sin distancias.
Que otros hagan ascos
y se destruyan de por vida;
que los remilgos los pierdan
y alejen
y separen.
Ven amor/muerte.
Tu y yo nacimos juntos
en horas y lugares diferentes –o no–,
pero eso es sólo anécdota.

Ven.
Comamos.
Caminemos.
Al cabo,
si partimos o llegamos,
es/será –en presente continuo– sólo anécdota.

Lúgubre mortaja
decadente
para océanos taponar como si sí.
Fatalidad.
¡Oh Dulcinea!
En paz me dejes;
Guillermina me asiste en modo musa amada
mujer de papel
también;
mas élla me es aunque tampoco esté.

¡Oh! Sancho –gemelo de espíritu opuesto–
autoprofecía inversa de *Dorian Grey*
en retrato apócrifo
del Andante,
sin la venia de Wilde;
sin cronología a la gravedad del tiempo fijada en el fondo,
sin tu ínsula, ingenua credulidad en desorden.
Las luciérnagas son así,
solas brillan
entre vahos de antorchas casi líquidas
a su velocidad destronando tópicos del Olimpo.

*

Decibelios,
Guillermina,
en *Parálisis permanente,*
Siniestro total provocando *Kaka*
de luxe contra *Sindicato malone*
e impone *La mode* en *Dinarama*
tal que *Aviador dro* ante *Objetivo Birmania*
vuele como *Banda de rock en acción.*

De *Ramones* de *Asfalto*
a *Barones rojos* sosteniendo
y *McNamara* dibujando *Pedos sexis*
en *Vulpes* disociadas.
Kikí d`akí queda como *Décima víctima*
de *Derribos arias* con su *Agrimensor K.*

Esclarecidos e iniciados en *Glutamato yeyé*
como *TNT* en *Espasmódicos*
aullidos de *Coyotes,*
ya perdido el sueño último de *María la nuit,*
con *Loquillo* urgente/agente de *KGB,*
auténtica *Carne de psiquiátrico*
en su *Gabinete Caligari*
de *Seguridad social,*
tan *Indeseables.*

Sean *Pegasus, Elegantes* circulando por la *N-634*
como *Camaleones*
y *Seres vacíos* en túneles de *Topo*
ejerciendo
de *Fracción reducida de Ejército rojo.*
Basta el parecer de *Monjas rosas*
como *Mecano* de *Mass media.*
Faltan luz y tino para/con la novísima ola
contemporánea,
tan moderna
tan de siempre…
Tan *du passé* como el modernismo/*art nouveau,*
otrora clásico.
Bebe la *new wave* en la pleamar de las vanguardias aún
sostenidas, tan arcaicas
y avanzadas,
sin repuesto,
ya establecidas como academia.

*

Surca-tono-tumba
Guillermina,
tras las letras cinceladas
en abigarrado martilleo de linotipia,
tras el cuarto por la manta
las esporas se dispersan
acuciadoras.
He que el trópico me llama.

Tras la oyendo me sugiero la partida
y en pos del galgo
échome
en andares saltarines
circundando el globo en meridianos
cuan funambulista en alpargatas.
Dícese de *Alfanhuí*
que tras el tiempo canta
y vuela.

La campana esquizo
tórnase
civil cuando a incendio llama,
o a nacimiento,
mas tórnase militar cuando a filas…
Y en nudo de garganta se torna
cuando a difuntos toca.
Que el aposento de las deidades se reduce
cuando lo concreto se aferra entre mortales.
Tal que la muerte,
Guillermina
–tú; mi amor–
es un palacio de cristal en adelanto
retrospectivo
de lágrimas siempre
de homenaje póstumo.

Dosis de crueldad arrima
elegancia
y presume de marchita decadencia
indolente de neón y trapos de hojalata
con cemento rápido.

Acostumbras tus hechuras
–claro– descarnadas
como líneas adultas mironianas
entre soles
estrellas
y de la luna una tajada.

Y en la calle Comedias están
¡Ay!
limpiando los fusiles,
puliendo el lenguaje de la guerra
de mierda
... Etcétera.

Que venga
entonces
la muerte
en su placer civil,
ni de batallas
ni de a manos de...
Y se evite una doble humillación.
Que la sangre es sagrada
y la piel
caliente
como para que nada/nadie
la roce
siquiera
con aliento de violencia.

- VIII -

Brota,
        Guillermina,
lo salvaje en mi entrealma
–pradera estepa y bosque–
hasta mis poros doblegar
en precipicio profundo,
                    hacia un abismo inmenso
                                        y terco
contrapunto de virtuosismo y mi Ello.

Trabájame, ruda bestia
                    informe.
Los tallos de mi semblanza escupe/esculpe
                                sin piedad
hasta perder de mi perímetro
                        la estopa excreta.

Mi silueta permite
                nítida
de forma tal que lo cóncavo en mí
en ti convexo fuera y verás,
                        Guillermina,
cómo ensambla cada pieza de modo ligero,
que el amor a uno mismo es dado por ser
                                –quizá–
primero y segundo mandamiento.

Pero ¿quién lo manda?
¿Trae la aurora acaso gladiolos
                        para mi mesa de trabajo?
¿Trae acaso la Luna
                cuando su tórax expande
                                antídoto
a mi licantropía?

*

Básteme un beso inquilino
una promesa de esperanza
de mujer
para dar la vuelta al interior de mi *tête*-avispero
como un músico de orquesta en gira,
mas sólo el hálito de animal
poético
retuerce el eco de un plañir de lágrimas sin sal,
de un duelo en mí postrado,
Guillermina,
y tú tan sumida en tus cosas
… ¿En qué?

Excusas,
Guillermina,
para no vivir
infundo y a peso la existencia agoto
sin –siquiera– suplir extravagancias.

Macerando libros sin certezas,
ungüentos de letras y conceptos
atrevidos
que nada curan y sí enfarragan
la catarsis
en cadavérica alquimia
de autodestrucción,
he que la confusión engrandece
equívocos;
epítetos pasivos corroen el texto
sin que mediar pueda el método,
ni que adular cuerpos que enaltecen pieles
con del animal la sangre, mas al fin aprendes
y a salvarlos vas
en busca de *la razón poética*.

Los versos,
Guillermina,
sábelo,
no los hacen los años.
Si el primero –dicen– te lo dan los dioses,
los demás hay que –aguerridos– arañarlos.

Aguaceros sobre mi ventana
arrastran
la poderosa minuciosidad que despeja el paisaje
restaña heridas
elabora epigramas y abre
el apetito de prebendas de saberes
ancestrales.

Lo llaman melancolía
lo llaman;
esa aflicción desvencijada
angustia sempiterna
causalidad procaz
y maledicente del empleado en su oficina por no vivir.

Horas negras
vacías
horas llanas
tras cortinas de sombras
y reflejos que encadenan
la ilusión a mampostería cualquiera
de afecto
Véndome por nada
por una sonrisa
una caricia de *sancti spiritu.*
Amén.

¿Ves
mi alma pública
dando tres cuartos al pregonero?

Qué indecencia,
Guillermina,
mi pudor en versos
danzando
como besos
de boca en boca
entre la plebe,
sin preguntas pero con una interrogación
abierta
que con admiración se cierra.

¿Quién dobla el humo que emerge
de entre el tumulto
que en espiral asciende!
y contigo enfrente
dudo
de cuanto me rodea
y digo
nada
sin apenas decirlo.

*

– IX –

Postlecturas en rol de síncopas
amordacen con virulencia
la exquisita intolerancia de un atardecer
entre brumas
y el croar de las ranas rindan rimas cacofónicas
de neón irradiadas
como capitulaciones en concordato
o titulaciones de falsa moneda
y que sólo el verbo escrito salve lo aprendido
cuando la niebla levante.

Abras tú mi paraguas bajo sábanas
sobre tu desabrigo,
que nos cobije
y sea nexo entre contenido y continente;
verás cómo ardemos por autocombustión
en holocausto de tantramor
con centellas de deseo prendido,
con ese nudo entre mente facilitadora y corporal obediencia.

Abras tú mi agenda entre pegatinas
ecopacifistas que alborotan como voces
en pentagramas,
en unión silvestre con el aura de Kerouac-hija,
rociados de experiencias perdidas
que en extremo penden de un dúo-sujeto:
el nuestro.

Brisas marinas del Atlántico
–océano de tinieblas–
saudade elevan de en espiral con olas
de sombras que emergen y trepan
–sin póliza--
a corrientes que ciclonan en vendaval
invalidando parábolas de santones
sin alas.

Venga y muéstresenme sin recato
gloria y fama,
que meándome estoy
y dónde no hallo.

*

Qué tragedia,
Guillermina:
Cadáveres que en cola guardan ante foro inapetente;
que muertos alimentan muertos
en compleja
complicidad
complicada
complaciendo
–displicentes–
placentas
desplegadas,
amor, en tan sólo que descuides el trabajo libre,
cotidiano.

Qué inútil de las momias el escarnio, de saber
fingido el aleatorio contacto de la tierra
con el horizonte *post-mortem* en glifos
para qué leyes testar
y en táctil, con las falanges de los dedos aprender
encostrada la piel/
encallecida el alma.
¿Tiene ya el faraón su cielo en la tierra
y su séquito
y esclavos
y ladrones de tumbas
y turistas?
¿Qué favor la ironía puede
sin una verdad?

Muros de piedra y éter sulfuroso
bordados
en hilos de seda y oro con vacas guarecidas
como apéndices civilizatorios,
con flautas para sordos y amores inventados
a falta de tragedia en plenitud.

*

Lejos queda
y rosa
el rinoceronte entre acacias
bajo un cielo calmo
al pie de una montaña blanca de caudalosa nieve de pétalos efímeros.
Más cerca,
otra rinoceronte
en rojo,
de entre flores femeninas;
míranse en soledad contemplativa,
trabados en su adeene y condición;
proyectados en la superficie del río,
cada quien en su orilla,
distantes
e imponentes,
con siempre por delante el cuerno de su espíritu reflexivo
y nada que arrollar
¿O una al otro?
Cómo deshilvanar la timidez si se desperezan
enfrente;
tan masivos y desnudos en sus ausencias
a distancia
olfateándose una al otro, mientras el crepúsculo
con su brisa zarandea el palmeral para darles sombra y dátiles
en la bonanza de la ribera,
a orillas de la charca.

*

El horizonte, siempre lejos
dibujando pájaros
que cruzan
espesadas las flores
con el silencio.

El cielo entre tanto,
más lejos
en su tangente.
Cada cual en su montura calcárea
parpadea
con el sol enfrente
cegándoles,
ante el fragor remoto de una carrera en su punto de encuentro;
solos en sus incredulidades a la espera
de embadurnarse en la humedad del barro
hasta sumergirse en la charca.

Y espantan vigorizados las mariposas
pactando agonía recíproca
a luctuosa distancia
corta e interminable,
a un paso del oquedal, a miles del mar distante;
pues que la madera de árbol no flota en tierra,
ni en el agua se hunde.

Diles pues que apaguen,
Guillermina,
el filme;
que tiene *El ángel exterminador* cuadros apocalípticos
de (dis)placer para goce redimido
para soportar la debilidad del ser, tanto
si panteísmo es un monte escalar,
o idolatría con vértigo
es suelo firme.

*

Sea cura incandescente
la lectura
aun de libros sin letras
con la idea tan sólo
nublada como boceto
de literatura mística/maldita de Artaud;
semiótica encantada
brujería de signos/
/formas
y sonidos cosmogónicos;
puro juego de formal entrega
para los hombres de pies ligeros;
cimentado (sin paréntesis) sobre rocas en doce lenguas.

Cielo y tierra lo son todo,
Guillermina.
Son el mundo éxtasis,
peyote,
verso y luz.
Que los *Tarahumaras* saben.
Máscaras para la transfiguración; ritos
de embudo en negro hasta de la frontera un farol;
punto de fuga en difusa línea inapreciable
con punto de vista prominente,
para despojarse de las capas que ocultan
hasta donde la inconsciencia embarga el último ritmo
antes de la nada; pestilencia
donde se alcanza el arrebato
para no ser.
Es locura lúcida
primitiva sapiencia
de no tener adónde ir
por de principio carecer.

Moverse es pretencioso.
Es pretencioso morir como lo es vivir
                                        intuyendo
que el vacío nos inunda y siquiera
                                        se expande,
porque de nada sirve nada
                                    --¿o algo sirve de algo?--
si apenas sirve por no servir.

No es igual esfumarse en Alcazarquivir
                                        –con la venia de Pessoa–
que la muerte de Aldana; que al fin don Sebastián
era sólo rey y no poeta; o defender el baluarte
de Trinidad en Badajoz de la *guardiamorafrancoyagüe*.

La muerte por igual nos aguarda;
                                        siempre llega.
La buscamos al nacer como síntesis
                                        –aún ignorantes–
de la dualidad/realidad primera
                                        tardemente aprendida,
                                        que nos conforma.
Si al menos quisiéramos nacer,
                                        lo que importa no sucumbiría
ante nosotros como pasto en llamas,
                                        mas no elegimos,
                                                    Guillermina,
que la voluntad libre nos hiciera
                                        aun a costa de sacrificios,
símbolo de elección sobre lo que impide cruzar
lo que ni que cruzar hay:
                                    obstáculos inapelables;
e inútil no salvarlos queda, porque ni que no salvarlos se mantiene.

– X –

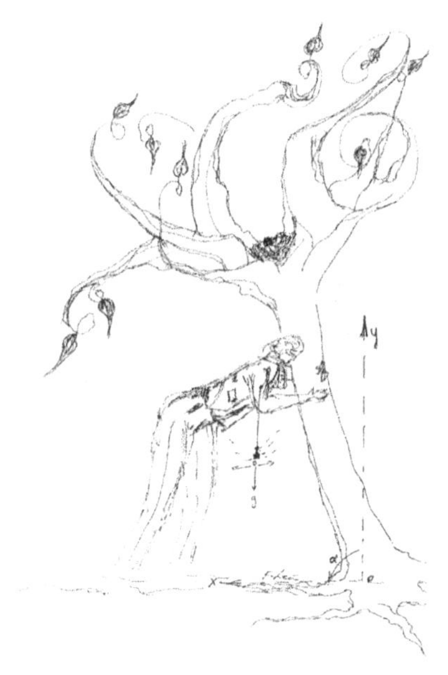

Nieve lícita
Guillermina,
sobre mi sombrero de cristal
en sal se conserva,
con mi pulso
hibernando latidos
y dolencias coqueteando,
tan que sí, que ni descanso me permiten.

Aviesa luminiscencia de candelabro;
infame metáfora ciega de nigromante,
nepotismo abyecto ¿de quién
que al automalditismo o al salón se consagra?

Y a la tenue luz opacada de la noche las ninfas vuelan
y las codornices pican el grano
y las hetairas hacen punto;
achupé achupé... Etcétera.

Hete que la loca nigromanta borda tela de lino
y a su modelo en pasarela de refino viste en tafilete
de oro falsoputativo y adorna su contorno
paseando en bragas de ganchillo,
tacón alto con pantys a la cadera,
blusón de tul de cuello a la caja
y peinado a media melena
con volumen
sobre el hombro izquierdo.

Police las lanza y ellas faldas vuelan
con remolinos de ventilador:
Flash
ritmo
paso
foco
y vuelta.

Desvelan sus facciones,
Guillermina,
sueños de vitrina,
de futuros besos, a veces falsos
de celuloide
y la cintura como centro equidistante de sus atributos.

Vanguardia de carmín y rímel reverencian
maquillajes de extramuros
en sufijo subversivo de lo radical
apacentando
lobas que a las ovejas murmuran
y maceran con guiños de mentirijillas
y hocico en bermellón.

Esa genuflexión a distancia,
crónica de la insinuación,
siglos repitiendo el rito primigenio
de lo ultimísimo.
Y tú que no te cansas,
Guillermina,
adorando a modelos en sus horas de lastre
cual macho macilento,
tan desasistido.

Que tangos
bailen desbocados
sobre una alambrera con pausa de picón y nostalgia
hasta urdir cenizas de soledad;
crepúsculo ambivalente
ensoñado
entre pliegues de tergal y casquete
de madrina en boda con velo
sobre el maquillaje distendido.

Tela sobre tela danzan;
tras de ellas
                    unos ojos de ojeras redimidos
                                                  afloran
entre alcohol y lágrimas
                                  trasnochadoras.
Unidos.
            Sin amor:
                        elocuente complicidad de adultos.

*

Estrellada noche,
                        Guillermina,
en vacío de amor
            de palabras y recuerdos
sin otra eficacia en tu ausencia
                                        que la desesperación.

Canto de vino y charlestón,
apagado el cabaret en su finura,
lanzan los maricas y las hetairas sus tejos
al viandante dolorido y seco en su fragor
                                                  de oficina,
de apartamento de mantones de manila
                        y de sedas sus pañuelos
como el Cid a su convento de visita entre batallas.

Tango suena y duele que hasta la risa menoscaba
y sin gemelos la camisa desabrochada;
he la sed soberbia de entre sábanas naufragar
con un broche de latón sobre la mesilla:
naturaleza muerta con despertador, libro y lámpara.

Queda el sol mantenido
y corridas las cortinas
con un muro levantado entre la calle
y la embestida
desgraciada
del tiempo.

Abren los ultramarinos sus escaparates
y ella –tú–
cierra los ojos
con una lágrima en el paladar reseco.

Es la reina,
Guillermina,
de los mares
antropófaga,
aguerrida
loca rubicunda
(in)deseable por demás.

Postrada la pasión ante calamocano
celebérrimo,
su desdén atribuye al son de unodós unodós…
–¿Panacea?
¿Inevitable?
No–
Y ni asiste ni consiste porque ni es,
ni puede.

¿Qué emancipa a la modelo en su liviandad
de un Polifemo que sucumbe en aras de no vaciar su ojo,
en tanto que cristales orina de sodio
el ogro,
que abrasan la arboleda?
Su determinación la emancipa.

¡Oh sirenas: Cantad!
Cantad hasta que Ulises,
amarrado
a golpes de ceniza decida
de su operación el éxito para crélido escarnio
de quienes a Penélope pretenden.

*

Es la realidad,
Guillermina,
impertérrita y fría a sesenta segundos por minuto,
en desenfrenada carrera arrastra
conmociones
y de trapos presto ligera, hace
que lo que es, sólo lo parezca,
sin oportunidad de componer una balada o escribir un verso.

Pues nos nacen desprevenidos
y he que comienza de la legalidad un retazo
sin sonrojo;
un abismo sadomaso donde el medio
es el dolor y el placer
un fin
que por extraña conclusión ni gozamos,
pues que beber los vientos es solo
de la pesadilla renacer.
¿Y al fin libres?
¿Para qué?
Traicionados al nacer
con nosotros volvemos como si tras el dolor
la felicidad surgiera,
como si la vida fuese troyano caballo
para conquistar otra cosa que la muerte.

¿Qué nos dan,
Guillermina,
sino un final
cuando un principio nos regalan?

Qué ajena razón procrear,
qué orgullo obtuso de realización en la condena
si no aciertas a amarrar el vínculo para vencer luego el discurso.
En verdad; somos sangre, mas no sólo
y no basta sin la consciencia.

La mujer, aunque calla
sabe
lineal
y ováricamente
que vivir es un peligro húmedo
de sudor y lágrimas
y una victoria el conocimiento
que fluye
mientras el hombre madura, tan lento.
Mas de aquí nadie sale vivo,
como si la vida fuese algo más que un concepto
patético
de esperanza de lo que ya somos,
muertos monosilábicos
en etérea efervescencia.

Y sin contrato,
Guillermina,
que la muerte ni se firma,
que nos viene ya confirmada;
no como el apego
no como el amor
ni el saber,
que ni vienen de *prêt à porter* conformados.

Sólo alguna vez, Mefistófeles
–camello/verdulera–
pierde los estribos y pósase
viscoso
y simple
apaleando dudas en palacio de columnas,
que ignorancia siempre hay.
Helas:
Imprecisa abstracción la sapiencia;
la ignota restante de saber que
lo que por saber
queda, aún no se sabe.

¡Oh, *Fausto*!
trocada el alma
curiosa,
venturoso impenitente
explorador de mundos
de placeres y saberes:
Qué dirá el mar de su movimiento perpetuo
en sus corrientes,
si van y vienen las olas y nada es quedo,
sólo relativo,
al dictado de la Luna.
Y he ahí las conchas y las caracolas que florecen con las mareas,
entre vítores de guijarros que filtran manantiales
que fluyen de la costa al interior y afloran en plazuelas,
antepecho de cuestas por tranvías muleros escaladas.

¿Qué queda entre fronteras sino es de vacío esencia multiplicada
aun en tierra y en aguas marinas, como brote de vida:
una luz
un olor
una lengua
un porteo del Sahel
sin banderas?

¿Qué que al final no sea presencia
en Babel
mixtura en clima de confusión,
naturaleza de metáforas que el dios tanto teme,
acaso malos versos, o de ambición podridos?

¿Cuál es la cósmica distancia que a los amantes
separa
y a los pobres sepulta
cuando la incapacidad de compartir nos habita,
como el efecto de la oscuridad
en el desamor
o en la injusticia?

¡Oh *Fausto*!
Sin piedra filosofal.
Al fin;
sin más enigmas que los vientos del polo
que se autocristalizan.
Mas sólo compró lo que ya le pertenecía,
Guillermina.
¿Ves?
Tú también estabas allí.
¿Oíste versos de la *Divina comedia*,
viste destellos en *El Jardín de las delicias*?
A salvo quede; que su eterno femenino
lo conduzca
al Olimpo.
¡Anda pues! y allana
el camino de la heterodoxia displicente
cuando la senda lleve a la verdad,
Guillermina,
una verdad de poema salvífico
y lúcido en su descomposición.

– XI –

Tiene,
Guillermina,
el librepensamiento
fruncido el ceño
y cabreado el ánimo
ante involuciones nunca descartadas;
dispuesto a combatirlas;
contestación erguida ante la berrea que miente
el balar que amenaza
e himnos que agreden;
al abordaje contra el mal de por los siglos de los siglos,
aunque nunca es para siempre.

Y tiene,
Guillermina,
el libre pensar
serena la mirada de asentir
la piedad
y la pasión
de mujeres y hombres de tolerancia inoculados,
de saberes que enseñan a respirar con la tierra,
a escuchar la función clorofílica,
a fluir por ríos subterráneos que afloran
en lagunas y humedales,
a leer a Espriu con labios mudos
a Alberti, moradas las ojeras,
a Lorca, reverdecido el paisaje,
poemas que funden
el tiempo,
Guillermina,
a corazón abierto
con miel caliente
lucidez en la esperanza
y templado el cuerpo
entre los elementos.

NOTAS

Todas las notas a pie de página del original, en virtud de la estética y fluidez de la lectura del poema, las hemos pasado al final, dado su interés informativo. Aquí señalamos la parte a que pertenecen y la palabra de referencia. En consecuencia, las notas a pie de página, pasan a ser notas finales.

I

Ácrito: No figura en el diccionario de la RAE, aquí significa agrio y duro.

Lácaras: En singular es nombre de río, pueblo y comarca de la provincia de Badajoz; aquí se refiere a un tono desvaído, como de piedra entre calcárea y caliza.

Warhol: Pintor, artista pop estadounidense del siglo XX.

El pez de oro: Símbolo del cristianismo antiguo, de la abundancia y la fortuna; cuento de Aleksandr Nikolaievich Afanasiev (Rusia, 1826-1871), recopilador de cuentos eslavos.

II

Aguirre (Lope de): Conquistador y explorador vasco, jefe de una expedición en busca de El Dorado por el Amazonas, que se sublevó en el nuevo mundo contra el emperador Carlos V. **Las catedrales góticas** funcionaban como manuales de las *Sagradas Escrituras* para la población mayoritariamente analfabeta, se orientaban al este, para que el sol, que sale por este entrase por las vidrieras del ábside --nacimiento--, y terminara el tránsito del día al anochecer por el oeste, donde se ubicaba la puerta de acceso, en un recorrido de la oscuridad a la luz.

Metis: Titánide, una de las seis hijas de Gea (la Tierra) y Urano (el Cielo); personifica tanto la prudencia como la perfidia.

III

Jonás: Profeta que se nombra en el *Antiguo Testamento*, que fue tragado por un monstruo marino y devuelto vivo al tercer día compuso un himno de acción de gracias.

Grieta (La): Obra de Doris Lessing (Kermanshah, Irán, 1917 -Londres, 2013).

IV

Maudits: Del francés, malditos.

Carnática: Música clásica del sur de India; música tradicional en sánscrito.

Nouvelle: Del francés, nuevo.

V

Judaica red: El judaísmo cree que el cielo se gana con el trabajo conjunto.

Metamorfosis: Cambio, transformación. Poema del autor latino Ovidio sobre. Obra de Kafka sobre la transformación de Samsa en un insecto. Y obra de Apuleyo sobre las desventuras de un joven transformado en asno. Título también de varias obras musicales.

VI

Teresa: Teresa de Jesús (1515-1582), escritora mística, fundó la orden Carmelitas Descalzas; autora *Las mo-*

radas del castillo interior; Camino de perfección, que publicó fray L. de León.

Baudelaire: Poeta simbolista francés del siglo XIX.

Helíades: Hijas de Helios, dios del sol, y Clímene, oceánide; hermanas de Faetón –faetóntidas–.

Eros: Dios griego del amor y del sexo.

Alción: Hijo de Eolo, mitología griega.

Eolo: Señor de los vientos. Nombre de tres personajes de la mitología griega.

Eco: Oréade del monte Helicón, amaba su propia voz, educada por ninfas y musas.

Baco: (Dioniso, Bromio) Dios romano del vino.

Ninfa: Deidad menor femenina griega, hijas de Zeus -Nereidas, Oréades, Náyades.

Bacantes: Adoradoras de Baco, con ritos prohibidos a los hombres; en Roma, bacanales.

Júpiter: Hijo de Saturno y Ops; en la mitología romana, padre de dioses y hombres. Zeus en la mitología griega.

Zeus: Padre de los dioses griegos, que gobierna el Olimpo; Júpiter en mitología romana.

Odisea: Poema épico griego, Homero, siglo VIII a. C.

Helios: Representa al Sol, mitología griega.

Edipo: Rey de Tebas, hijo de Layo y Yocasta; sin saberlo mató a su padre y casó con su madre.

Oráculo: Respuesta de las deidades grecorromanas a intermediarios entre hombres y dioses.

Oréades: En mitología griega, ninfas que custodian cuevas y montes.

Maquis: Movimiento guerrillero (1942) de oposición al régimen del general Franco.

Resistencia: Movilización social con especial auge a partir de 1966, que concitó a grupos de oposición a la dictadura y que forjó la base de la Transición a la democracia.

Góngora (Luis de): Poeta y dramaturgo español del Siglo de Oro (1561-1627) de estilo culterano y polemista contendiente de Quevedo en las letras, reivindicado por la Generación del 27, autor de *Soledades*, y *Fábula de Polifemo y Galatea*, entre otras obras.

Quevedo (Francisco Gómez de): Poeta español del Siglo de Oro (1580-1645), estilo conceptista y satírico, contendiente en las letra de Góngora, autor entre otras obras de *Sueños, El alguacil alguacilado, El mundo por dentro*, o *La vida del Buscón.*

VII

Soledades: Poema largo de Luis de Góngora (1613), planteado en cuatro partes. Solo concluyó la primera y parte de la segunda, en silvas con endecasílabos y heptasílabos. Usó por primera vez el género lírico para un poema tan extenso sin desarrollo narrativo ni ecfrástico -representación verbal de obras de arte visual, musical o literario-.

Fauno: Versión romana del mito del dios Pan, divinidad de los bosques y los rebaños a los que salvaguardaba de los ataques de la bestia y concedía fertilidad. También se conocía como Lupercus, que significa el que protege del lobo. El mito de Fauno habla de un dios con la parte inferior del cuerpo de un macho cabrío y la superior de hombre y con dos cuernos. En su versión griega se le asociaba con los sátiros, lascivos, mientras que Fauno era un romántico. Siendo joven se enamoró de la ninfa Sírinix, que no lo aceptaba y él, para conseguir su amor la persiguió, pero los dioses para salvarla la convirtieron en caña; Fauno tomó dos tallos de caña y se hizo una flauta, un caramillo, con la que interpretaba bellas melodías, según lamentees-maravillosa.com.

Púrpura: Color; lesión hemorrágica de la piel o membranas mucosas por fuga anormal de glóbulos rojos de los vasos sanguíneos. Aquí, parte carnosa de un fruto.

Saudade: Sin traducción clara del portugués, que viene a expresar melancolía.

Antígona: Tragedia griega de Sófocles; hija de Edipo y Yocasta, desafía a la ley para homenajear a su hermano muerto, considerado un traidor.

Lot: Personaje bíblico del *Libro del Génesis,* del *Antiguo Testamento.* Pidió a Dios que salvara al menos a diez justos de la destrucción de Sodoma y Gomorra y al concedérselo le pidió que no miraran atrás, pero su esposa se volvió y se convirtió en una estatua de sal.

Dulcinea: Personaje de *El Quijote*, amada del ingenioso hidalgo.

Tras el cuarto por la manta: Falsa frase hecha, a partir de manga por hombro.

Sancho Panza: Personaje de *El Quijote*, coprotagonista de la novela con Alonso Quijano.

Óscar Wilde: Poeta irlandés, 1854-1900.

Alfanhuí: Obra de Rafael Sánchez Ferlosio, de 1951; personaje homónimo de la misma.

Miró (Joan): Pintor, escultor, ceramista, grabador surrealista español de Cataluña; con una obra de gran potencia al profundizar en el subconsciente y elementos infantiles de su cultura.

Calle La Comedia: Referencia a hechos reales en la Guerra Civil, en Badajoz.

Razón poética: Concepto de la filosofía de María Zambrano, que explora la relación entre el pensamiento racional y la intuición; cómo la razón necesita la emoción para comprender la realidad desde una perspectiva más completa, a través de la poesía.

Decibelios, Parálisis permanente, Siniestro total, Kaka de luxe, Sindicato Malone, La Mode, Dinarama, Aviador Dro, Objetivo Birmania, Acción Rock Band, Asfalto, Barón Rojo, McNamara, Pedos sexis, Vulpes, Kikí d'akí, Décima víctima, Derribos Arias, Agrimensor K, Esclarecidos, Glutamato yeyé, TNT, Espasmódicos, Coyotes, María La Nuit, Loquillo, KGB, Carne de psiquiátrico, Gabinete Caligari, Seguridad Social, Indeseables, Pegasus, Elegantes, N-634, Camaleones, Seres vacíos, Topo, Fracción reducida del Ejército Rojo, Monjas rosas, Mecano, Mass Media: Grupos musicales de *La Movida* en España, en los 80.

Art nouveau: Del francés, arte nuevo. Nombre de una corriente artística; modernismo en España.

New wave: Del inglés, nueva ola.

VIII

Ello: Una de las tres instancias que conforman el aparato psíquico en la teoría del Psicoanálisis, de Sigmund Freud, que permanece en el inconsciente, mientras que las otras dos son el **yo** y el **superyó**, que se encuentran en una parte en el preconsciente y otra en el consciente.

IX

Kerouac hija (Jan): Hija del escritor americano de la *Generación Beat* Jack Kerouac; también ella escritora, autora de *Baby Driver*.

Sinaí: Monte al sur de la península del mismo nombre, nordeste de Egipto, donde Dios entregó a Moisés *Los Diez Mandamientos*, según el *Antiguo Testamento*, de *La Biblia*..

Ángel exterminador: Película del periodo surrealista del director español Luis Buñuel.

Artaud (Antonin): Escritor, actor y director francés, considerado el más grande de los malditos; poeta preciosista, creador del *Manifiesto del Teatro de la Crueldad*, mantiene una postura antipsiquiatría y contra los refugios de la miseria humana: fe y arte, que por otro lado encarna. Es autor de *Los Tarahumara* -su experiencia con el peyote con los indios tarahumaras, en México-, de *Heliogábalo o el anarquista coronado, El pesa nervios*, o *El ombligo de los limbos*.

Tarahumara: Obra de Artaud.

Alcazarquivir: Batalla de 1578 en la que nació el mito del regreso del rey luso don Sebastián, muerto en el enfrentamiento con tropas que aspiraban al trono de Marruecos con el depuesto Muley Ahmed, en contra del consejo del asesor militar de su tío el rey español Felipe II, y en la que también murió el poeta extremeño Francisco de Aldana.

Don Sebastián: Rey portugués (1554 - 1578), sobrino de Felipe II, quien tras su muerte en la batalla de Alcazarquivir ocupó el trono luso. Nació la leyenda de que había sobrevivido y que volvería a reclamar su trono.

Canudos: Guerra en la población del mismo nombre, en Brasil, entre religiosos fanáticos liderados por Antônio Vicente Mendes Maciel, 'El Conselheiro', y la República recién creada tras un golpe de estado contra el emperador Pedro II, 1896/1897. Costó más de 25.000 muertes.

Pessoa (Fernando): Poeta portugués (1888, 1935), que utilizó numerosos heterónimos cada uno con su propia obra, como los de Alberto Caeiro, Álvaro de Campos, o Ricardo Reis, entre otros. Es autor de una amplia obra como *Libro del desasosiego, Mensajem, El banquero anarquista*, o el poema *Tabaquería*, entre su amplia biblioteca.

Aldana (Francisco de): Poeta extremeño –y militar– del siglo XVI, fallecido en la batalla de Alcazarquivir, en el norte de África. Se le consideró impulsor del neoplatonismo; admirado por Cervantes, Quevedo, fue autor de *El ímpetu cruel de mi destino, Sonetos, Tres epístolas castellanas* y otros libros.

Baluarte de Trinidad: Elemento de la fortificación moderna de Badajoz desde el que se defendió la ciudad ante el ataque de la Legión y las tropas regulares norteafricanas del general golpista Franco, mandadas por el general Yagüe, que una vez conquistada la plaza la saqueó y arrasó a su población. Desde entonces se le conoció como el carnicero de Badajoz.

X

Police: Grupo británico de power rock con latidos reggae y jazz de los 70/80 del pasado siglo.

El Cid: Rodrigo Díaz de Vivar, El Cid Campeador, quien, según las leyendas del siglo XIII, obligó a jurar a Alfonso VI en la iglesia de Santa Gadea, Burgos, que no tuvo relación con la muerte de su hermano Sancho; mas parece que no hubo tal; incluso lo casó con su prima doña Jimena y lo puso al frente de la embajada enviada a Sevilla. Cayó en desgracia por causas políticas y fue desterrado. Recuperó el favor del rey y partió a Valencia. Volvió a caer en desgracia por no ayudar al rey y de nuevo fue desterrado. Tras diversas luchas volvió para reconquistar Valencia, donde murió por enfermedad. El poema épico *Cantar de Mìo Cid* cuenta las gestas del héroe Rodrigo Dìaz.

Sahel: Zona que atraviesa África desde el Atlántico al mar Rojo, una franja de 6.300 km entre el sur del Sahara y el inicio de las sabanas que abarca a una decena de países.

Polifemo: Cíclope (mitología griega) hijo de Poseidón y la ninfa Toosa, ogro con un solo ojo en la frente.

Ulises: (U Odiseo) -mitología griega-, rey de Ítaca, protagonista de la Odisea -de Homero-, esposo de Penélope, que teje y desteje el mismo paño para evitar a los pretendientes que la cortejan hasta que regresa su esposo después de 10 años en la Guerra de Troya más diez de viaje de regreso.

Crélido: No tiene significado en el diccionario.

Caballo de Troya: Regalo de los aqueos a los troyanos con el que entraron en la ciudad, abrieron sus puertas y la conquistaron.

Mefistófeles: Demonio, subordinado de Satanás que se dedica a capturar almas.

Fausto: Obra de Johan Wolfgang von Goethe (Alemania, 174), con antecedentes bíblicos y en el siglo XV, leyenda alemana del XVI, muy versionada y musicalizada, sobre un pacto con el diablo, los límites del ser humano.

Babel (Torre de): Nombre hebreo de la torre que según un relato bíblico del *Génesis,* se comienza a construir en una ciudad de Babilonia, con intención de hacerla tan alta que llegara hasta el cielo, pero Yahveh confundió las lenguas de los hombres y no pudieron terminarla. Su nombre procede del verbo hebreo *balbál* (confundir).

Divina Comedia: Poema de Dante Alighieri, compuesto en tres partes: *Infierno* (1303-1308), *Purgatorio* (1308-1314) y *Paraíso* (1314-1321). Alighieri la llamó *Commedia*, y fue Giovanni Boccaccio quien le añadió *Divina*. Es considerada una obra maestra de la Literatura Universal, fundamental en la transición de la época medieval a la renacentista.

Olimpo: Monte donde habitaban los grandes dioses del panteón griego. Montaña más alta de Grecia, en el macizo fronterizo entre Tesalia y Macedonia.

El Jardín de las delicias: Obra realizada como un tríptico por El Bosco, entre 1490 y 1500, en el que representa el destino de la Humanidad conforme a las creencias cristianas de la época. Son tres tablas que cerradas representan el tercer día de la creación del mundo.

XI

Espriu (Salvador): Escritor y poeta catalán-español (1913-1985), de quien Castellet destacó "su capacidad para asimilar culturalmente la herencia mítica de la humanidad". Escribió sobre todo en catalán. Es autor de *Antígona* y *La piel de toro*, entre otras obras.

Alberti (Rafael): Poeta español, de Cádiz, de la Generación del 27 (1902 -1999), considerado uno de los mayores poetas de la Edad de Plata de la Literatura Española, fue defensor de la II República, militante del PCE, exiliado tras la Guerra Civil y retornado con la recuperación de la democracia tras 36 años de dictadura. Autor de libros como *Marinero en tierra, La locura, Escrito en el aire*, entre otros.

Lorca (Federico García): Poeta, escritor, músico y dramaturgo español, de Granada (1898 - 1936), miembro de la generación del 27, promotor de iniciativas culturales populares como La Barraca (teatro), defensor de la II República, murió asesinado por los golpistas sublevados en su propia ciudad nada más comenzar la Guerra Civil. Fue uno de los poetas más influyentes en la Literatura española del siglo XX. Autor de *Romancero Gitano, Poeta en Nueva York, Bodas de Sangre, Yerma*, o *La casa de Bernarda Alba*, entre otras obras.

El libro Guillermina de la colección
LECHE DE BURRA
terminó de editarse e imprimirse
el día 30 de Julio de 2025
en los talleres gráficos de
Editamás editorial de Badajoz.